INTELIGENCIA
ARTIFICIAL PARA
PERSONAS APRESURADAS

Descargo de responsabilidad

Tabla de Contenidos

¿Qué es la Inteligencia Artificial?

El concepto básico

El concepto básico de la inteligencia artificial es bastante fácil de entender porque está en el nombre. La inteligencia artificial es inteligencia que ha sido creada a mano y no… ¿la inteligencia artificial es inteligencia que no es como la inteligencia real? ¿La inteligencia artificial es una máquina que intenta emular la inteligencia biológica? En realidad, el concepto de inteligencia artificial es bastante difícil de definir.

La forma básica en que entendemos la inteligencia artificial es una inteligencia que es producida por una máquina. Esta ha sido la definición estándar durante aproximadamente un siglo. La razón por la que es difícil conceptualizar una definición específica de inteligencia artificial es la de cuán borrosa es la línea que separa la inteligencia biológica de la inteligencia mecánica.

La aplicación que conocemos

La aplicación más creíble que conocemos cuando se trata de inteligencia artificial es la de los enemigos dentro de los videojuegos. El problema es que esto no es realmente inteligente. ¿O sí lo es? La forma en que la ciencia define la inteligencia es que es una entidad que es capaz de obtener nueva información y luego usar esa información con información pasada para definir la información actual. Por lo tanto, el principal problema de crear inteligencia real es encontrar una manera de que las máquinas aprendan.

La razón por la que a los enemigos dentro de los videojuegos se les sigue llamando inteligencia artificial es la naturaleza mecánica de los enemigos en los videojuegos. La persona promedio que juega un videojuego mirará a un enemigo tirador en primera persona como si fuera inteligente en el sentido de que el enemigo lo seguirá. Por lo tanto, si el jugador comienza a esconderse, el enemigo se acercará mientras que, si el jugador está a la intemperie y disparando, el enemigo correrá para cubrirse después de disparar algunas balas. Esto hace que parezca que el enemigo realmente está pensando.

Este es el propósito de la inteligencia artificial; fingir la capacidad de pensar. La verdad es que los enemigos dentro de los videojuegos no piensan en absoluto. La manera más fácil de mostrarte cómo un enemigo de los videojuegos realiza estas acciones es con un poco de pseudocódigo.

```
if(enemy.line_trace_end !=
player.collision){
    enemy.position moves closer to player
}else if(player.line_trace_end ==
enemy.collision){
    enemy.hide * ((Random.new() * 10) + 1)
    if(enemy.hide >= 75){
        enemy.position moves behind
nearest collision
    }}
```

Como se puede ver en el pseudocódigo anterior, si el rastro de la línea hacia donde apunta el enemigo no equivale a la colisión del jugador sino a otra colisión de objetos, entonces el enemigo avanzará. Esto acerca al enemigo y crea la ilusión de que el enemigo sabe que el jugador se está escondiendo. Sin embargo, si el jugador se dirige a ellos y el trazado de la línea se encuentra con la caja de colisión del jugador, el enemigo decidirá si dispara al jugador o se esconde detrás de una colisión basada en un valor aleatorio. El trazo de línea es la trayectoria de movimiento del jugador.

La aleatorización crea la ilusión de que el enemigo elige si se va a esconder debajo de la cubierta o si va a disparar al enemigo. Sin embargo, se trata de inteligencia falsa si tenemos en cuenta el hecho de que no se trata de información del pasado. Se trata de información actual que trata de la toma de decisiones actual. Además, la máquina no tiene la capacidad de aprender sobre el personaje contra el que se enfrentan. Esto significa que mientras la máquina parece ser inteligente, no hay inteligencia en juego. En cambio, tiene un conjunto de instrucciones preprogramado por un individuo pensante que le dice a la máquina qué hacer en un caso o una circunstancia determinados.

Ahora se podría pensar que algo como Amazon Echo o Google Home son centros de inteligencia mecánica real. El problema es que estas máquinas funcionan de manera muy similar a los enemigos que acabamos de cubrir.

El habla humana está dictada por reglas, puedes pensar en ellas como el conjunto de instrucciones para hablar el idioma. Lo importante de las reglas es que, si hay reglas, lo más probable es que una máquina pueda seguirlas. No voy a entrar en los detalles de cómo funcionan las redes neuronales recurrentes, pero básicamente se puede asumir que la máquina simplemente está analizando y haciendo estadísticas de probabilidad sobre qué palabras probablemente encajan entre sí en base a esas reglas. Esta es una manera muy precisa de determinar qué palabras usted, como persona, va a decir cada vez que use algo como escribir a máquina o cuando se hacen subtítulos dentro de un video que ha sido auto traducido de sus palabras.

Hasta este momento, no hemos tenido muchas máquinas que sean capaces de aprender y usar ese conocimiento aprendido para mejorar aún más. Sin embargo, acabamos de entrar en la era digital de utilizar algo llamado retro propagación

La retro propagación es el punto central de casi todos los algoritmos de aprendizaje de la máquina que están actualmente en juego. Una red neuronal está diseñada para tomar entrada de datos y realizar acciones sobre esa información dentro de las neuronas que luego producen una salida. Si la salida es incorrecta, entonces cambiamos lo que está ocurriendo dentro de las neuronas para tratar de llegar a una respuesta más optimizada. La manera estándar de hacer esto es tomando las variables dentro de la red neural y creando conjuntos de variables aleatorias para encontrar las mejores variables aleatorias. Este es un proceso muy lento y, por lo general, lleva mucho tiempo realizarlo. El nuevo método se llama retro propagación, lo que acabo de describir se llama propagación hacia adelante.

En lugar de utilizar variables aleatorias y nunca saber si se ha llegado a la combinación aleatoria definitiva, utilizamos el cálculo y los resultados que la red neuronal ha proporcionado. La información se retroalimenta a la red neuronal después de que la respuesta se realiza incorrectamente y la red neuronal toma los resultados incorrectos, así como los números que usaron para llegar a esos resultados y crea una combinación que está más optimizada como resultado. La retro propagación representa la primera forma de aprendizaje de la máquina que es realmente inteligente. Sin embargo, la gran mayoría de las aplicaciones de redes neuronales, como Alexa y Siri, no suelen ser redes de propagación inversa en la mayoría de las situaciones. A medida que pasa el tiempo, es posible que esto cambie, pero la retro propagación requiere una gran cantidad de potencia de cálculo que la mayoría de los dispositivos simplemente no tienen.

Las aplicaciones que estamos creando

He hablado de los diferentes tipos de inteligencia artificial: inteligencia emulada, inteligencia de probabilidad y aprendizaje automático. Muchos individuos tienden a categorizarlo todo como inteligencia artificial, lo cual es incorrecto. Si recuerdas correctamente, la inteligencia artificial es donde una entidad intenta emular la habilidad de aprender sin realmente aprender. El aprendizaje automático se aglutina con la inteligencia artificial, aunque existen ciertas formas de aprendizaje automático que en realidad no encajan en la inteligencia artificial. Tiene varios proyectos de robots diferentes basados en el aprendizaje automático que ya no son inteligencia artificial.

Sin embargo, en realidad no estamos aquí para discutir ese ámbito de inteligencia. En cambio, estamos hablando de aplicaciones donde se está utilizando inteligencia artificial. Usted tiene varias industrias diferentes que actualmente están masivamente afectadas y que serán afectadas masivamente durante la próxima década a medida que nuevos mecanismos de inteligencia artificial salgan a la luz para afectar a esa industria. Usted tiene un auto autopropulsado, robótica que está diseñada para emular el compañerismo, y tiene mucho más de lo que hablaremos en el próximo capítulo. Sin embargo, tenemos que hablar de la cúspide de toda la inteligencia artificial. La inteligencia artificial no es posible sin información.

Cuando le di el ejemplo del pseudocódigo, notará que las elecciones que hizo el actor enemigo se basaron en información sobre la situación actual. Esto es cierto para todas las máquinas de inteligencia artificial porque no se puede decidir nada si no entra nada. Nosotros, como seres humanos, recibimos información todo el tiempo del mundo y las máquinas de inteligencia artificial necesitan esa misma información y a veces incluso más.

La era de la información

Sabiendo que la inteligencia artificial necesita información y dado el clima político actual en el que se está escribiendo este libro, podemos concluir que estamos en una nueva era. Facebook está intentando recopilar la mayor cantidad de datos posible, mientras que Europa está intentando impedir que Facebook recopile tanta información sin el permiso del usuario. Estas compañías basadas en Internet han tenido un acceso ilimitado a la información de nuestra vida diaria porque simplemente se suponía que el usuario entendería lo que estaba dejando de hacer aquí.

El problema es que la persona promedio es perezosa e ignorante la mayor parte del tiempo. Una persona puede encontrar eso insultante, pero así es como funciona el mercado. Una persona compra una lavadora porque eso es lo que hicieron sus padres, o porque no quieren lavar su ropa a mano. Una persona compra un lavaplatos porque eso es lo que hicieron sus padres, o porque no quieren lavar los platos a mano. Había un hombre con el que hablé una vez que no sabía de dónde venía la carne dentro de una tienda de comestibles, simplemente asumió que la tienda de comestibles hacía la carne. No estoy hablando de dónde no sabía qué compañía les enviaba la carne, estoy hablando de que no sabía que la carne provenía de vacas. Se trataba de una persona que trabajaba en el gobierno y que, sin embargo, no conocía este hecho tan sencillo y comúnmente comprendido. Hay mucha gente así. Aquellas personas que carecen de lo que normalmente se percibiría como hechos comúnmente entendidos al comprar los artículos que fabrican estas compañías de tecnología. Los mercados dependen de la ignorancia y la pereza para trabajar. Después de todo, ¿por qué contratar a un mecánico si sabe cómo hacerlo usted mismo?

La gente tiende a saltarse el acuerdo de licencia de usuario final porque es un documento enorme que no es muy entretenido de leer. Hay una porción muy pequeña de la multitud que leerá ese documento y esa porción de la multitud es generalmente cómo se mantiene a las compañías bajo control. Esa persona lo leerá, encontrará algo horriblemente malo en él, y luego compartirá esa información con personas que no lo lean. El mercado en general depende de que la gente no sea capaz de entender plenamente cómo se hacen las cosas. Si usted compró una camiseta que era de $100 y pensó que estaba obteniendo un buen precio, podría darse cuenta de que estaba obteniendo un precio horrible una vez que sepa cómo se hizo. Puedes comprar una camiseta estándar en Internet por $5. A continuación, puede ir a tomar una foto que desee, y se coloca en un papel especial que luego se puede presionar con calor en la camisa por unos $ 5. Esto significa, prácticamente cualquier camisa que usted compra que es simplemente un logotipo sin ser cualquier tipo especial de gel y es solo una imagen simple es por lo general de alrededor de $ 10 en costo. Ahora, hay costos adicionales, como el envío y la marca, pero se necesitaron $10 para ganar $100. Si sabe cómo hacerlo usted mismo, podría haber ahorrado otros 90 dólares.

Sin embargo, es probable que no vaya a salir y hacer cada camiseta que quiera tener a menos que seas increíblemente testarudo y motivado. La mayoría de las personas simplemente afirma que no tiene tiempo para hacerlo. Sin embargo, el hecho es que eso es mucho dinero debido a la pereza, ya que muchos de esas mismas personas verán una temporada de 12 horas. Los restaurantes dependen de gente que no hace recetas, las tiendas de ropa dependen de las personas que no hace ropa, y las compañías de tecnología dependen de gente que no hace tecnología. Así funciona el mercado y así ha funcionado siempre. Sin embargo, el nuevo producto es la información, ya que la información es ahora la forma en que la mayoría de las compañías ganan su dinero.

La Cuarta Revolución Industrial

Facebook vende tu información a los anunciantes para que éstos puedan promocionar mejor los productos que intentan vender. Google hace exactamente lo mismo, pero tiene datos diferentes. Casi todas las plataformas hacen lo mismo, excepto que la mayoría de ellas han sido asignadas a un puñado de compañías. El sitio web estándar no hará todo lo posible para crear un árbol de publicidad en el que los anunciantes puedan participar. ¿Por qué los anunciantes irían a un sitio web sin nombre para promocionar sus anuncios? No, la mayoría de los sitios web estándar que intentan hacerlo en línea utilizarán anuncios de Google o de Facebook. Esto permite que el sitio web gane dinero de Google o Facebook mediante la venta de anuncios.

Otra sección de Internet son los enlaces de afiliados, donde la gente tiene audiencias que pueden dirigir el tráfico a productos específicos. El más notable de los enlaces de afiliados son los enlaces de afiliados de Amazon, que parecen estar prácticamente en todas partes. Las estrellas de Internet pueden vender productos de otras personas (como lo haría un anuncio) a multitudes que generalmente estarían interesadas en él. Esto es mucho más efectivo que simplemente intentar explotar en Internet que tiene un producto específico que desea vender. En esta situación, la información es simplemente que usted sabe lo que le gusta ver a su público y lo que busca su público.

No podemos llegar a ninguna parte sin Alexa, Google Voice o Siri porque la mayor parte de nuestra información pasa por estos tres individuos, máquinas, para producir lo que queremos. Hacemos preguntas pertinentes a Google sobre nuestra vida diaria. Recopilan información basada en nuestros resultados de búsqueda y en nuestras solicitudes para poder servirnos mejor los anuncios. Sin embargo, no son los únicos clientes de la información.

Usted tiene servicios de suscripción como Netflix y Hulu que utilizan sus patrones observados para determinar qué videos es más probable que desee ver. Al servirle lo que usted quiere ver, estas compañías lo mantienen en su plataforma por un período más largo de tiempo. De hecho, es tan malo que ha habido casos de personas que ven a Netflix ir a rehabilitación para superar su adicción al servicio. La información funciona prácticamente en todos nuestros negocios a partir de ahora y la persona que puede recopilar la mayor parte de la información es a menudo el mayor negocio en Internet, así como en el mundo real. Si miras a Google, se supone que Google es un motor de búsqueda, singular, que proporciona publicidad en los lados. Sin embargo, son una compañía masiva que está siendo demandada por razones de monopolio. Si retrocedemos en la historia hasta los años sesenta, Google no existía realmente, y había compañías de cable y telefónicas que eran las más grandes junto con las inmobiliarias y otras industrias. La industria de la tecnología, que depende únicamente de la información para funcionar realmente, es la industria más grande del mundo. Está en la casa de todos, en la cocina de todos, en la habitación de todos, en el auto de todos, en la carretera de todos, y creo que entiende el punto de todo este tema.

Nuestra Vida Diaria con Inteligencia Artificial

Industria Financiera

La industria financiera es quizás la más conocida por utilizar la inteligencia artificial antes de que cualquier otra industria decidiera utilizarla además de la industria informática. Durante mucho tiempo se pensó que los mercados bursátiles y las gráficas de precios generalmente no podían predecirse, pero una inversión sería en algoritmos de predicción ha tenido influencia sobre las compañías más importantes que juegan en el mercado de valores.

De hecho, se ha vuelto tan común que estas compañías están compitiendo por algoritmos de predicción que otras personas, como individuos, también están tratando de obtener sus propios algoritmos de predicción. Esto se debe a que el algoritmo de predicción puede ser enseñado a ser más preciso que el individuo.

Sin embargo, eso no es todo lo que la comunidad de inteligencia artificial ha hecho con la industria financiera porque hay bastante más. Un poco más cerca de casa está el monitoreo de los hábitos de las personas que tienen dinero dentro de un banco. La principal preocupación cuando se trata de cuentas bancarias es si ha habido actividad fraudulenta en esas cuentas. Debido al hecho de que los bancos son a menudo las primeras industrias financieras en ser golpeadas, además de las tarjetas de crédito, los hábitos de comprensión que están fuera de la norma son un aspecto clave para determinar si una transacción fue fraudulenta o no. Con la inteligencia artificial, la máquina puede ser entrenada para entender lo que es más probable que suceda en el caso de que esa persona específica tenga una cantidad específica de dinero. Por ejemplo, si usted tiene mucho dinero a la vez, puede ser el tipo de persona que es un poco conservadora con su dinero o puede ser la persona que va al centro comercial y se lo gasta todo. Si eres más conservador en la mayoría de las ocasiones, la inteligencia artificial se volverá realmente sospechosa si decides ir a arruinarlo todo.

La idea de la inteligencia artificial en el mercado de valores es en realidad solo un segmento de lo que Inteligencia Artificial (AI). hace en lo que se conoce como inteligencia artificial consultiva. Es una categoría mucho más grande e incluye cosas como pronósticos de marketing, expansiones de audiencia y muchos otros términos técnicos de negocios. El propósito de una inteligencia artificial consultiva es entrenar a la inteligencia artificial para predecir lo que no ha sucedido en base a lo que ya ha sucedido. El quid de este tipo de Inteligencia Artificial es que casi todas las situaciones que tratan de predecir lo que no ha sucedido se basan en el contexto y por lo tanto es difícil cuantificar el contexto, pero hay varias aplicaciones de la inteligencia artificial en las funciones de asesoramiento.

Quizás la parte menos comentada de la inteligencia artificial en las finanzas es la AI. que ayuda a encontrar patrones sospechosos con las compañías. Esto no se habla realmente porque no es algo que preocupe al público, sino más bien a las agencias gubernamentales que miran al público. Anteriormente, la forma en que el delito de cuello blanco podía detectarse por sí solo era examinando las finanzas de una compañía y viendo hacia dónde se dirigía el dinero. Esta es una tarea muy laboriosa y de horas sin comer. La inteligencia artificial es tan eficiente y rápida que lo que un equipo de cien hombres podría hacer en una semana, lo podría hacer la inteligencia artificial en un día como mucho. Por lo tanto, la Inteligencia Artificial no solo ayuda al público con sus finanzas, sino que también ayuda al equipo legal a detectar actividades delictivas en las compañías a través de sus finanzas.

Industria del sexo

La inteligencia artificial ha dado grandes pasos en la industria del sexo. Si usted rebobina el tiempo a cerca de una década antes de que este libro fuera escrito, usted sería afortunado de encontrar un sistema de chat de inteligencia artificial que usted podría pagar por hora para que le encienda. A medida que ha pasado el tiempo, ha habido varias secciones dentro de la industria del sexo que han expandido el propósito de la inteligencia artificial en formas que uno esperaría y que son inesperadas.

De las formas que cabría esperar, estas Inteligencias Artificiales del sistema de chat han mejorado en la formación de conversaciones con la gente. Existe un tipo particular de tecnología llamada MMD que cuando se combina con la inteligencia artificial puede simular una interacción FaceTime. De hecho, el aspecto de MMD se ha expandido a otro software llamado Facerig que veo que se expande aún más a un nuevo tipo de género que se ha abierto recientemente en Japón. En un producto conocido como Gatebox, una chica o mujer virtual puede hacer prácticamente cualquier cosa que usted quiera que hagan como compañera virtual. Puedes comprar tus hombres o mujeres virtuales favoritos para ponerlos dentro de esta nueva tecnología para que puedas volver a casa e interactuar con ellos. A esto se le conoce como Inteligencia Artificial de compañía, que es ligeramente diferente de la Inteligencia Artificial auxiliar.

Si usted tiene tal tecnología, puede esperar volver a casa y ser recibido con un cálido y amistoso saludo o ser bienvenido a casa por su esposa o esposo virtual de su preferencia. Esta tecnología actuaría de manera similar a Amazon Echo o Google Home en el sentido de que le recordaría ciertas actividades o fechas, pero también interactuaría con usted a un nivel más personal. Por ejemplo, le enviaría mensajes de texto diciendo que estaba deseando que llegara a casa o que le preguntara cómo le va en pleno día. Similar a cómo podrían funcionar las relaciones, esta inteligencia artificial está específicamente diseñada para hacerte sentir mejor durante todo el día.

Al llevar esta inteligencia artificial emocional al mundo de las muñecas de tamaño natural, también conocidas como muñecas sexuales, podemos ver que hay varios desarrolladores que buscan infundir emociones en las muñecas sexuales. Para alguien que no ha visto la industria desde que se hizo un documental sobre ella en televisión, la industria en sí ha consistido principalmente en personas que invierten dinero en muñecas sexuales porque prefieren que la relación con una muñeca sea más preferible que con un ser humano. Uno puede entender ese tipo de lógica porque hay algunos inconvenientes cuando se trata de un humano. A muchas personas no le gusta interactuar con individuos que les proporcionan actitudes y opiniones negativas, lo que naturalmente lleva a buscar consuelo en otras cosas que no sean las personas que los rodean.

En la Inteligencia Artificial emocional de las muñecas sexuales, el humano que posee dicha muñeca sexual no solo puede interactuar con la parte sexual de la muñeca, sino también con los elementos emocionales de la muñeca. Por ejemplo, la muñeca puede ser sensual pero también cariñosa o puede ser un completo tsundere con un poco de humor ligero. Esencialmente, usted interactúa con esta muñeca sexual y su personalidad se ajusta a lo que probablemente sería mejor para su personalidad. Ahora, existe la opción de personalizarlo con fines sexuales, pero si lo estás buscando para un papel de compañerismo, puedes hacer que se adapte a su propia personalidad.

Finalmente, la parte más interesante de esto es que ahora hay dispositivos que te permiten tener sexo con computadoras. Ahora usted podría pensar que la sección anterior que habla de muñecas sexuales se refería a tener sexo con computadoras, pero yo estoy hablando de dispositivos que están conectados a una inteligencia artificial para complacer específicamente a usted. Por ejemplo, un reciente desarrollo de un producto para el mundo de la realidad virtual fue cuestionado de una manera muy extraña. Esencialmente, la novia de este hombre lo había acusado de hacer trampas porque utilizaba un dispositivo destinado a la masturbación en el entorno de la realidad virtual. Imagine que una mujer es registrada por un hombre (en primera persona) masturbándose y que un hombre y un condón con sensores en él registran la presión de la mano de la mujer. Todo esto se graba y cuando un cliente que paga compra esto, puede sentir la misma sensación de la mano de esa mujer en su entrepierna, solo que es a través de un dispositivo en lugar de una mano humana. Se estará preguntando qué tiene que ver la Inteligencia Artificial en esto. Bueno, hay pequeños segmentos de Internet donde no se trata de una grabación, sino de un personaje de MMD que está utilizando este mismo dispositivo para aprender a masturbarse correctamente el cliente. Así es, una Inteligencia Artificial de realidad virtual ahora puede ser utilizada en sustitución de, básicamente, la prostitución digital.

Industria del cuidado de la salud

La industria de la salud se beneficia significativamente de la inteligencia artificial, ya que la inteligencia artificial ha tenido mejoras significativas en la tecnología de reconocimiento de imágenes. En nuestra vida cotidiana, la tecnología de reconocimiento de imágenes nos proporciona pequeñas etiquetas que podemos colocar junto a las caras de las personas a las que fotografiamos. En medicina, la historia es un poco diferente, ya que los médicos tienden a tomar fotografías de órganos y partes del cuerpo que podrían tener algo malo.

Lo más común para lo que la industria de la salud está usando la inteligencia artificial es para reconocer los tipos de cáncer mejor que los médicos humanos. El beneficio de esto es, por supuesto, salvar vidas, pero la verdad es que la inteligencia artificial no necesita que usted esté en la misma habitación para hacer un diagnóstico. Para las personas que no acuden regularmente al médico, es probable que no sepan por qué esto es importante, pero esta es la razón por la que los Servicios Médicos no se encuentran normalmente en línea. Los médicos insisten en que se sometan a un examen físico por parte de usted, lo que significa que a menudo quieren que usted se encuentre en el mismo espacio que ellos para realizar un diagnóstico adecuado.

Aunque en la actualidad solo se utiliza para mejorar significativamente la capacidad de detectar cánceres, esta tecnología finalmente va a bajar la escalera de la industria de la salud hasta el individuo promedio. Se sabe comúnmente que un individuo simplemente necesita mirarse en el espejo con la boca abierta para ver si hay manchas blancas en la parte posterior de su garganta para dar una respuesta estimada sobre si tiene o no una faringitis estreptocócica. Ahora, los médicos a menudo insisten en que se utilice un hisopo de saliva para asegurarse de que el diagnóstico es correcto, pero muchos diagnósticos se pueden realizar en ciertas circunstancias que solo requieren un examen visual. Por ejemplo, un resfriado común suele ser mirar a un paciente y tomar sus constantes vitales. Sin embargo, ir al médico para tal visita suele ser mucho más caro de lo que la gente puede justificar. Después de todo, si una visita al médico es 1/3 de su sueldo semanal, no es probable que vaya si gana menos de una cierta cantidad de ingreso mínimo.

El problema con esto es que las personas tienden a ir a trabajar enfermas, aunque técnicamente deberían estar en casa. Las experiencias comunes de las cadenas de comida rápida han demostrado que una buena parte de la fuerza laboral que trabaja con el salario mínimo simplemente no puede permitirse el lujo de tomarse el tiempo libre. Ahora, obviamente, para no propagar su enfermedad a los alimentos que están haciendo, deben quedarse en casa, pero esto no es normalmente visto como la más importante de las dos preocupaciones en tal situación desde la perspectiva del individuo. A la persona afectada por el salario mínimo que es. Sin embargo, si una persona pudiera ir a un servicio en línea que era relativamente barato por visita o incluso si tuviera una suscripción mensual que fuera razonable, probablemente sería atendido por un médico de inteligencia artificial para que pudiera obtener el medicamento para sentirse mejor.

Industria del transporte

Recientemente, hemos visto a grandes industrias empujar por motores automatizados que nadie, excepto una computadora, tiene que manejar. Hay algunas industrias de las que quiero hablar porque la industria del transporte es una industria enorme, que consume la mayor parte del mercado que conocemos hoy en día. Hay autos de consumo, la tecnología que entra en estos autos es equivalente a la tecnología que entra en una tableta, los asistentes virtuales están dentro de los autos, y la lista realmente continúa para la industria de la automoción.

Lo primero que quiero hablar es de la industria del transporte por carretera. Recientemente, pude experimentar una simulación a nivel de superficie de lo que es ser un camionero a través del juego *Truck Driver Simulator*. Finalmente comprendo lo difícil que es conducir un semirremolque desde el origen hasta quizás cientos, si no miles de kilómetros, hasta el próximo destino. Se trata de equilibrar toneladas de artículos que cuelgan precariamente fuera de la parte trasera de un semirremolque. La parte más fácil del trabajo es enganchar el remolque al semirremolque. La parte más difícil del trabajo es una mezcla de esquinas y dejar el material donde tenía que estar. Psicológicamente, la parte más difícil del trabajo es simplemente estar en la carretera porque algunos de nosotros viajamos cientos de millas cada pocos años visitando diferentes lugares, así que tenemos una nueva experiencia. Sin embargo, las personas en estas posiciones a menudo tienen problemas de aislamiento porque pueden estar solos durante uno o dos días como mínimo.

Esto no detiene la automatización potencial de estos trabajos. Este es un trabajo remunerado decente, que generalmente paga alrededor de $ 20 a $ 30 por hora como tarifa mínima en los Estados Unidos de América. No es un trabajo fácil, aunque parezca fácil. Como mencioné antes, la parte más difícil es desde el punto de vista psicológico de conducir todos esos kilómetros para llegar a su destino. Este trabajo puede ser automatizado, en un futuro próximo, alrededor de esta parte central; conduciendo hacia el destino. Elon Musk y Uber han anunciado que planean hacer del autoconducción una parte de su futura tecnología. Sin embargo, estas son las compañías que prácticamente todo el mundo conoce. Hay varias otras compañías que luchan en este juego de autocontrol. Específicamente, para la semi-conducción, hay compañías que emplean a estas personas tratando de automatizar el servicio.

Ahora, usted también tiene que darse cuenta de que la semi-conducción es extremadamente peligrosa tanto para el conductor como para las personas que lo rodean. Esta es la razón por la que los semi conductores tienen que ir a la prueba con regularidad y, en general, tener uno de los exámenes de conducción más duros de todos los vehículos que hay. Sin embargo, eso no impide que estas compañías traten de automatizar una industria que antes no había sido tocada por los algoritmos de autocontrol más recientes.

Con los semirremolques autopropulsados, el costo total de los alimentos se reduce drásticamente. Un semirremolque probablemente llevaría varios artículos, pero digamos que son 50 artículos. Si un semi conductor tiene que conducir durante 3 días o 48 horas, entonces

$$48 * 30 / 50 = 28.80$$

se añade a los productos en ese semi. Las compañías normalmente no añaden $28 a una barra de mantequilla, pero añaden $46 a un televisor. Como un semirremolque es la principal forma de transporte para casi todos los productos en la tienda, ese costo se aplica a todos los productos. Esto significa que un televisor de $1,000 puede costar $800 o una bolsa de queso va de $10 a $5.

Como he mencionado anteriormente, Uber está en esa categoría como una de las compañías que están invirtiendo seriamente en autos de autoconducción. Como cliente de Uber, se puede ver que el beneficio sería tanto para el cliente como para la compañía, pero no para el trabajador. Muchos de los individuos de Uber lo están haciendo porque es la mejor opción para ellos o porque están aburridos de jubilarse. En el lado del cliente, el viaje será más barato porque ya no tendrá que pagar a un conductor y en el lado del negocio será más barato por la misma razón. Sin embargo, en el lado de los negocios, usted también puede beneficiarse al poder tener muchos más autos de los que tiene empleados. El público casi siempre querrá tener a una persona que lo conduzca debido a la tecnofobia y las posibles conversaciones personales que uno podría tener mientras lo conducen a algún lugar. En realidad, es algo por lo que pagas y que las compañías ni siquiera se dan cuenta.

Sin embargo, si usted también recuerda, hablé de lo peligrosa que es la automatización de la conducción. Uber ha estado bajo cierto escrutinio porque uno de sus conductores no estaba haciendo su trabajo correctamente y el auto de pruebas de autocontrol se las arregló para atropellar a alguien (así es como lo entiendo de todos modos). Esto también está allí para la semi-conducción porque usted tiene un vehículo automatizado en el camino. La única diferencia es la extremidad de lo peligroso que es esto. Es mucho más probable que un camión semirremolque cause daños en toda la calzada que un solo auto. Sin embargo, a medida que avanzamos como sociedad, es mucho más probable que tenga vehículos con mecanismos de emergencia para que pueda hacerse cargo si el vehículo no conduce correctamente.

Educación

Áreas de interés

Uno de los problemas clave de la educación es dónde el estudiante se está enfocando realmente. Por ejemplo, una vez conocí a un estudiante que realmente amaba la lectura pero que a menudo odiaba hacer cualquier tipo de matemáticas. El instructor en sí mismo no se preocupó de cómo este estudiante estaba fallando en esta área seleccionada del contenido del estudio que el instructor estaba dando. Una vez que el estudiante me explicó lo que hizo durante el día y luego me explicó los sentimientos que tenía sobre la parte matemática del contenido, la razón por la que estaba fallando en esa parte del plan de estudios se hizo obvia. Le encantaba leer porque le gustaba ir a un mundo que le permitía escapar, pero las matemáticas a menudo se enseñan desde una perspectiva de escuchar y hacer.

Una vez que sugerí que el estudiante no confiara en el instructor y en su lugar leyera el material en lugar de escuchar al instructor, sus puntajes matemáticos aumentaron significativamente. La razón de este fracaso se debió simplemente a la forma en que se entregó. Puedo prever un sistema de inteligencia artificial que se encargue de la consultoría, como hemos visto en las máquinas de inteligencia artificial construidas para diagnosticar a los pacientes. Este campo de la consultoría en inteligencia artificial es relativamente nuevo y todavía experimental, pero puedo encontrar algo tan simple como lo que encontré entonces, una máquina artificial, con las mismas variables, sin

duda podrá llegar a una conclusión similar. Sin embargo, la conclusión

será llevada a cabo de una manera significativamente diferente hasta

que las máquinas puedan entender el contexto. El contexto es el último

campo de abstracción que queda en el proceso de mejora de la

inteligencia artificial.

Enseñar sin profesores

Esto nos lleva a la otra área en la que la inteligencia artificial

está afectando actualmente y afectará a los profesores en el futuro. A

partir de ahora, la inteligencia artificial se está utilizando para predecir

qué áreas del análisis estadístico son las más débiles o las más grandes.

Por lo tanto, si muchos estudiantes parecen estar reprobando en una

parte muy específica de su clase de matemáticas, digamos funciones

algebraicas, esto solo se notaría en una máquina que pudiera calcular el

número de estudiantes multiplicado por cada respuesta del examen. Eso

puede parecer una ecuación muy simple de realizar, pero la ecuación es

mucho más compleja que eso. Usted necesitaría un algoritmo que pueda

cuantificar cada respuesta como partes de un grupo y como individuo, lo que llevaría a determinar si un grupo de errores es un patrón común o si un grupo de errores independientes es un patrón. Tal distinción es fácil de hacer entre dos estudiantes.

Por ejemplo, si un estudiante de la clase A se equivoca en sus funciones y los estudiantes de la clase B se las arreglan para equivocarse en una función, naturalmente concluiríamos que los estudiantes de la clase A tienen problemas con las funciones, pero los estudiantes de la clase B simplemente tienen la respuesta equivocada. Al tener inteligencia artificial para poder ver esto, la inteligencia artificial podría entonces crear un plan de curso para los estudiantes individualmente basado en los temas que la inteligencia artificial está enseñando. El propósito de un ser humano en una posición de enseñanza en lugar de lectura obligatoria es que haya una guía para la persona que está aprendiendo y una persona para establecer las metas de la clase. Un instructor es una persona que simplemente le dice a la clase lo que necesita hacer, un maestro es un puesto que ocupan aquellos que actúan como instructores y aquellos que guían a los estudiantes a través de esas instrucciones. Sin embargo, al tener una inteligencia artificial que podría determinar si la clase en su conjunto está teniendo un problema, si un individuo está teniendo un problema o si un tema en particular lo está haciendo bastante bien, usted podría hacer que esa misma inteligencia artificial cambie su propio plan de estudios para enseñar mejor a los estudiantes. La inteligencia artificial ya puede actuar como un instructor por defecto, como muchos avisos de ayuda nos han dicho en el pasado, pero al ser capaz de optimizar un plan de estudios la inteligencia artificial también se convierte en algo que puede guiar esas instrucciones.

Periodismo 425

Información Agregada

Uno de los principales propósitos del periodismo es agregar información en un lugar central y, en general, proporcionarla objetivamente. Tenga en cuenta que dije generalmente porque en el entorno periodístico actual, esto rara vez se hace. Es raro ver a los periodistas simplemente presentando los hechos y luego distinguiendo entre los hechos y sus opiniones. El mejor ejemplo de la información agregada que está siendo llevada a cabo por la inteligencia artificial es el Google que usas todos los días o la mayoría de ustedes. Google hace algo llamado enviar un rastreador web, que es una forma elegante de decir que un algoritmo avanzado diseñado para encontrar sitios web en Internet e incluirlos dentro de sus listados de búsqueda. Con el tiempo, han creado algoritmos para determinar su precisión e importancia, pero el ejemplo principal aquí es mostrar que la inteligencia artificial ha estado agregando información en el pasado, pero esto se conoce como inteligencia artificial tonta. La nueva inteligencia artificial podrá recoger información específica, en particular la relacionada con las noticias. Entonces podrá seguir las pistas de esas noticias en Internet para ver si están relacionadas con algún tipo de datos. Por ejemplo, estadísticas sobre delitos o número de panaderías en una ciudad en promedio. Esto nos lleva al clima actual del periodismo tal y como lo conocemos en la esfera política.

Cálculo de precisión

Hubo una presión masiva para censurar lo que se conoce como noticias falsas, pero esto tiene algunos problemas. El gran problema que todo el mundo prácticamente conoce es cómo determinar qué es falso y qué no lo es. La respuesta obvia que la mayoría de la gente busca es que, si es verdad, más gente hablará de ello. Sin embargo, ustedes tienen creyentes de la tierra plana y creyentes de la tierra redonda que tienen debates constantes sobre la Tierra. Si fueras a buscar la cantidad de información sobre la Tierra Plana, hay más sitios web que consideran que la Tierra Plana es una realidad y prácticamente no hay ninguno sobre la Tierra Redonda porque aquellos que creen que es redonda no sienten la necesidad de convencer a la gente. Los creyentes de la tierra redonda simplemente asumen que cualquiera con un coeficiente intelectual más alto creería esto razonablemente y lo aceptaría como un hecho. Por lo tanto, en el espacio en línea, hay más gente hablando de que la Tierra Plana es un hecho que la gente de la Tierra. Siguiendo esta ley obvia, literalmente censurarán a la gente que cree en la Tierra redonda. Ahora bien, si usted se siente de una manera u otra acerca de la información que acabo de proporcionar más allá de completamente estática, usted entenderá por qué es importante no censurar las ideas. Esta es la razón por la que la libertad de expresión en

Estados Unidos está tan protegida, porque el público en general quiere que lo que considera una locura salga a la luz en lugar de tener esa idea en una posición de poder y no ser capaz de detenerla. Se están creando sistemas de inteligencia artificial para determinar noticias falsas, pero los detalles de esas facetas de la inteligencia artificial todavía no han salido a la luz.

Medios de comunicación social automatizados

Si bien se desconocen los detalles de juzgar con precisión al periodismo, la inteligencia artificial puede hacerse cargo fácilmente de los trabajos automatizados. Por ejemplo, al compartir un artículo entre los muchos sitios web de medios sociales, la mayoría de los sitios web simplemente tienen un solo botón adjunto al botón de publicación que les permite publicar instantáneamente en todos los sitios web al mismo tiempo. Esto facilita todo el proceso y, por lo tanto, ahorra la necesidad de controlar si los sitios web se publican en las redes sociales de forma regular.

Sin embargo, lo que aún no se ha logrado, pero en su mayor parte se ha teorizado, es la automatización de la actividad de los medios de comunicación social en esos sitios web de medios de comunicación social. La diferencia entre compartir una entrada que fue escrita y estar activo en un sitio de medios sociales es la diferencia entre escribir una historia y escribir un tweet o una entrada de Facebook o cualquier otro sitio web que uses para actualizar a todos en tu vida. La inteligencia artificial se encuentra actualmente en una encrucijada porque aún no sabemos cómo definir el contexto. Eso no significa que una cuenta de medios sociales no pueda publicar regularmente tweets con un conjunto de reglas.

Por ejemplo, una de las reglas comunes que me enseñaron durante los grados de bajo nivel es tomar la pregunta que me hicieron y reformularla como mi primera frase. Esta es una regla que puede ser seguida fácilmente por una inteligencia artificial, ya que tenemos muchos sitios web de reescritura que le permiten tomar oraciones y reescribirlas. Si alguien publica en los medios sociales, un algoritmo de inteligencia artificial sería capaz de tomar lo que dicen y reformularlo de acuerdo con las reglas. Además, podrían publicar cosas de las que su sitio web podría hablar al día siguiente basándose en los títulos que usted escribió hoy. Esencialmente, la inteligencia artificial estaría generando pistas que atraerían a los usuarios a seguir esa cuenta porque están interesados en lo que usted dijo. Los medios sociales para el periodismo son tanto un medio para difundir información como para publicitar el periodismo que los periodistas están haciendo. Esto ya se está haciendo hoy en día en las campañas de marketing de los grupos activistas para ocultar lo pequeño que podría ser ese grupo. Escuchamos mucha retórica en la elección presidencial de Donald Trump sobre los robots de los medios sociales haciendo precisamente eso.

Agricultura

Mejores predicciones de pronóstico

Una de las cosas más derrochadoras con las que tiene que lidiar un agricultor es cuánto necesita plantar, así como cuánto necesita cosechar y cuándo lo hace. En los Estados Unidos de América, gran parte de los residuos de alimentos se destinan a alimentos que no son atractivos ni se utilizan. De hecho, este es un problema común en las naciones desarrolladas del mundo porque la mayoría de las naciones en desarrollo trabajan en un sistema monetario. Si usted cosecha demasiado, terminará desperdiciando lo que esencialmente sería el valor monetario cuando no pueda venderlo. Si no planeas lo suficiente, podrías perder las ganancias potenciales que podrías obtener si hubieras crecido lo suficiente.

Este es un problema igual para las personas que comen ese alimento, porque, aunque solo se necesita producir una cierta cantidad de alimentos para que el mercado se sostenga por sí mismo, hay personas en los países desarrollados que aún mueren de hambre. Es un problema extraño cuando tienes tanta comida que la estás tirando y aun así sigues permitiendo que mueran personas hambrientas. El problema es que el mercado no es del todo predecible y, por lo tanto, tendrá desperdicios, o tendrá escasez, pero nunca llegará al punto de equilibrio. La inteligencia artificial puede no ser capaz de cubrir gastos, pero puede proporcionar a los agricultores y a quienes trabajan en el sector agrícola mejores predicciones sobre cuánto necesitan producir. La forma más fácil que muchos de ellos usan es simplemente crecer tanto como puedan y luego usar lo que no pueden vender. Esto funciona para muchos pequeños agricultores, agricultores con alrededor de 100 acres a 500 acres. En estas pequeñas áreas localizadas, todavía pueden utilizar la mayor parte de lo que cultivan y vivir dignamente de lo que venden. El problema realmente entra en juego cuando se sobrepasan los 500 acres. Una familia de 4 personas no va a poder consumir 900 acres de maíz en los próximos 6 meses a menos que no coman nada más que maíz durante los próximos 6 meses, pero si venden otro tipo de cosecha es virtualmente imposible. Además, esa familia probablemente morirá porque el maíz no tiene mucho valor nutricional. En estas circunstancias, sería mejor determinar una línea de tendencia para lo que necesitan plantar y cuánto necesitan cosechar, así como cuándo cosechar. Mientras que los agricultores hacen un trabajo fantástico en la provisión de alimentos para una nación, no muchos de ellos son estadísticos de oficio. Por lo tanto, debido a lo mucho que los estadísticos profesionales ganan en varios roles, sería más lucrativo ser un estadístico si solo estuvieras fuera por el dinero. Por lo tanto, la mejor alternativa es proporcionar un producto que haga esas predicciones por usted y aquí es donde surge la inteligencia artificial. La inteligencia artificial ya tiene una gran implicación en el mercado de valores, por lo que utilizarla para algo un poco más predecible como la agricultura ha sido un cambio fácil.

Técnicas avanzadas de cultivo

La agricultura no tiene muchos avances científicos en cuanto a la forma en que se deben cultivar los alimentos, pero si la agricultura se realiza en un entorno controlado, estas variables pueden pasar a una máquina de inteligencia artificial. La razón por la que este hecho es importante es que las máquinas de inteligencia artificial están diseñadas para optimizar lo que se les da. Una gran parte del trabajo de los agricultores se basa realmente en conjeturas o en conjeturas estimadas. Por ejemplo, muchos agricultores buscarán una temperatura específica que mantenga la consistencia para plantar artículos que sean sensibles a la temperatura. Solo puede cultivar papas durante ciertas temporadas según su ubicación. Una máquina de inteligencia artificial podría aprovechar el pronóstico del tiempo y predecir los patrones meteorológicos, lo que llevaría a una plantación más rápida de la planta productiva.

Debido a que la inteligencia artificial puede ser entregada a los Sensores, ellos también pueden manejar cuando el suelo necesita que se le dé un tipo específico de nutriente. Normalmente, los agricultores dependen de la apariencia y condición de una planta para determinar cuándo esa planta necesita más de un elemento específico. Por lo general, la planta mostrará signos de amarillamiento y marchitamiento. Sin embargo, si usted tiene sensores en el suelo y tiene monitores de reconocimiento visual abierto mirando las plantas, puede enseñar a la inteligencia artificial a buscar las mismas cosas. Un cultivo puede pasar un par de semanas sin la nutrición adecuada porque el agricultor simplemente no nota las señales tan rápido, pero una máquina de inteligencia artificial podría saber casi de inmediato que algo salió mal y qué salió mal. el día que comienza Esto permitiría a los agricultores producir más productos y reducir la cantidad de residuos, lo que generalmente beneficiaría a todos. Es por eso, en la última década, esta nueva forma de inteligencia artificial se ha arraigado en los agricultores más conocedores de la tecnología del mercado.

OGM mejorados

La última parte en la que la inteligencia artificial puede ayudar es en el desarrollo de nuevos organismos genéticamente modificados para que crezcan mejor para su entorno. Ha habido mucho estigma en torno a los OGM, pero la verdad es que gran parte de lo que el mundo come hoy en día está compuesto de OGM. Por ejemplo, la mayor parte del maíz no podría venderse a la escala que se vende sin ser un OGM de la planta de maíz original y una maleza. De hecho, algunos consideran que el maíz no es un vegetal sino una mala hierba debido a su origen de estar mezclado con una mala hierba.

Participamos en organismos genéticamente modificados en todas partes, aunque algunos lo consideran malo. Nuestros hijos están modificados genéticamente porque no son ni todos nosotros ni la pareja necesaria para hacer uno. Nuestros alimentos han sido optimizados para que crezcan más y más grandes al mezclarlos con razas que duran más tiempo, proporcionan más alimentos y proporcionan alimentos más grandes. No fue hasta hace poco que comenzamos a usar un laboratorio para crear productos OGM, pero hemos estado haciendo prácticas OGM durante siglos en este punto.

Sabiendo esto y sabiendo que es una ciencia, podemos construir máquinas de inteligencia artificial que predicen mejores combinaciones para el futuro. Esto conduce a más alimentos y, por lo tanto, a más productos, lo que también significa que podemos mantener más población como resultado. Esto ya se está haciendo, pero aún no está generalizado y unas pocas corporaciones masivas han dedicado sus recursos a perfeccionarlo.

Ley

Mejores defensas

Actualmente existe una inteligencia artificial conocida como Lisa, que actúa como un abogado robótico para crear contratos legalmente vinculantes. Debido a que la inteligencia artificial puede acceder a una gran cantidad de información, son capaces de diseñar formalmente reglas basadas en reglas pasadas. En realidad, no es tan difícil para una inteligencia artificial crear un contrato vinculante debido a unos pocos elementos.

El primer elemento es que muchos contratos son casi idénticos, y esto se puede ver cuando se trata de sitios web que tienen formularios de autocompletar con el contrato. El segundo elemento es la comprensión de las partes involucradas y la relación legal de la importancia de un documento. El último elemento es porque, en última instancia, la mayoría de las partes revisarán cualquier documento proporcionado por un abogado robot.

La primera parte es que muchos documentos legales son idénticos, y en realidad se puede ver esta similitud cuando se trata de software. Hubo algunas compañías de software notables que acaban de robar los contratos desarrollados por compañías más grandes como forma de ahorrar dinero. Necesitan, en general, las mismas cosas porque son una compañía de software y, por lo tanto, la mayoría de los elementos que afectan a otro software en términos legales deberían afectar técnicamente a su compañía. Debido a la estandarización de los documentos legales, es fácil saber qué contrato necesita. Esta decisión también puede ser tomada fácilmente por AI en base a preguntas como "¿Qué tipo de compañía es usted?

La segunda parte es que las relaciones entre las partes son generalmente fáciles de entender. Un software generalmente tiene un tipo de relación con un usuario, al igual que un administrador de bienes raíces tiene un tipo de contrato con la persona que lo contrató. Hay relaciones más complejas, pero para la mayoría de las personas, normalmente hay una relación de uno a uno cuando se trata de un contrato. Esta persona quiere algo de esta otra persona y necesita un contrato para ello. Debido a la simplicidad, Lisa puede actualmente proporcionar acuerdos de confidencialidad y contratos de propiedad como resultado de esto.

El elemento final es que no confiamos completamente en los robots porque se nos han dado muchos ejemplos para que no lo hagamos. Por lo tanto, todos los contratos realizados por una inteligencia artificial serán revisados por la persona que los solicitó y luego la persona que los solicitó proporcionará retroalimentación. Esto permite a la compañía que desarrolla esta inteligencia artificial optimizar aún más su inteligencia artificial para adaptarse mejor a las necesidades de sus clientes. Por lo tanto, a medida que los clientes entran en la inteligencia artificial, no solo recopila datos de esos clientes, sino que también recopila datos de clientes con quejas.

Mejor aplicación de las normas

Generalmente se considera una mala práctica ser un mal abogado para los criminales, pero también se considera una mala práctica ser un buen abogado para los criminales. Puede que piensen que esta frase es contradictoria, pero estoy hablando de dos perspectivas diferentes. Para otros abogados, es una mala idea ser un mal abogado para los criminales porque entonces usted es un abogado malo en su trabajo. Para el público al que no le gusta el criminal, usted es un abogado que defiende a un criminal y por eso a menudo se le ve tan mal como al criminal y a veces incluso peor.

Los robots no tienen que preocuparse por este problema de perspectiva porque son robots. Esto les permite ser verdaderamente imparciales cuando preparan un caso para ser utilizado en la corte. Existe una aplicación conocida como la aplicación *DoNotPay*, que actualmente se encuentra en el Apple Store, que le permite obtener asesoramiento legal gratuito. Existe una firma legal conocida como ROSS Intelligence que permite a los equipos legales analizar documentos para su procesamiento legal mucho más rápido de lo que lo haría un equipo humano. Se trata de nuevas tecnologías que son actualmente experimentales, pero que han demostrado que no solo pueden hacerlo más rápido y mejor que la mayoría de los humanos, sino que también pueden hacerlo de forma prácticamente gratuita. Eso no quiere decir que las compañías no tratarán de ganar dinero con estas tecnologías, pero la mayor parte de lo que acabo de presentar se cobra al cliente. Normalmente, un bufete de abogados cobra después de la primera hora de consulta. Un bufete de abogados que utiliza a seres humanos para revisar documentos suele facturar a un cliente por ello. Al hacer que los robots hagan esto, no solo los bufetes de abogados obtienen revisiones imparciales de la información, sino que los clientes

tampoco tienen que pagar cantidades exorbitantes de dinero para

contratar a un abogado. Una compañía pequeña podría usar estas

tecnologías para ayudar a su ciudad local a tener defensas efectivas

contra compañías o personas potencialmente más grandes.

Procesos de negocio con Inteligencia Artificial

Asistentes Virtuales Inteligentes

Tuvimos asistentes virtuales durante casi una década, pero casi todo el mundo está de acuerdo en que los asistentes virtuales no son muy útiles. La verdad es que no están hechos para ser tan útiles. Sin embargo, depende de lo que usted quiere de un asistente virtual en cuanto a lo útil que pueden ser. Puede utilizar asistentes virtuales para programar reuniones, leer correos electrónicos y, en general, hacer muchas cosas relacionadas con la oficina.

La razón por la cual la mayoría de las personas no encuentran que los asistentes virtuales sean muy útiles es que a menudo solo lo utilizan para responder las preguntas que puedan tener. Aunque esto es definitivamente útil, un asistente virtual puede tomar notas en las reuniones de negocios, actuar como registrador de sesiones, enviar correos electrónicos masivos a todos los usuarios de la cuenta de negocios y hacer mucho más de lo que lo haría un asistente real. El único problema es que nadie sabe cuál es la mejor manera de hablar con un asistente virtual. La mayoría de los asistentes virtuales son activados por el habla, lo cual es un tema polémico cuando se trata de cualquier tipo de lenguaje acentuado. La forma en que estos asistentes virtuales son entrenados es haciendo que un grupo de actores de voz entren y usen su voz para emparejar las palabras con los patrones de sonido. En realidad, puede entrenar a un asistente virtual para que reconozca su acento, pero requiere mucho trabajo. Sin embargo, usted encontrará que generalmente se utilizan para hacer cualquier actividad relacionada con la oficina que pueda tener en su negocio. Incluso puedes hacer que tu asistente virtual te lea un libro si realmente lo deseas, solo depende de lo que quieras y la mayoría de la gente encuentra que los asistentes virtuales son casi tan habituales como los asistentes humanos. Lo único que se me ocurre que un asistente virtual no puede hacer por ti todavía es escribir un correo electrónico.

Investigación de Mercados

Una gran parte del aprendizaje automático y de la inteligencia artificial está diseñada específicamente para automatizar la investigación de mercado y perfeccionarla. La mayoría de los estudios de mercado realizados por la inteligencia artificial, siempre y cuando hayan sido formados correctamente, son más precisos de lo que el analista de mercado puede ser a la hora de hacer la misma predicción. Esto se debe a que la computadora analiza más números más rápido que el analista y la computadora no comete errores matemáticos. Normalmente, cuando usted le pide a una compañía que le entregue un informe de mercado, ellos regresarán en aproximadamente una semana con una pieza larga de literatura para explicarle el mercado para usted. Sin embargo, si utiliza una inteligencia artificial para hacer lo mismo, a menudo encontrará que el informe tarda unos minutos en generarse siempre que tenga los datos correctos.

Además, gracias a algoritmos como el algoritmo de clúster K, se pueden encontrar Tendencias Generales y éxitos donde normalmente parecería que nada estaba sucediendo. Esto se utiliza a menudo para identificar compañías exitosas en áreas de interés que normalmente pasarían desapercibidas.

Chatbots

Tal vez la mejor fuente de inteligencia artificial dentro del entorno empresarial venga en forma de chatbots. Si quieres reducir la cantidad de recursos humanos asignados a la atención al cliente, entonces un chatbot es normalmente el camino que quieres seguir. Los chatbots que son artificialmente inteligentes y no solo líneas de guion preprogramadas tienen una manera maravillosa de convencer a otros humanos de que están hablando con un humano. Más notablemente, el tiempo de respuesta de un chatbot frente a un humano es significativamente menor y por lo tanto muchas más personas salen de hablar con un chatbot sintiéndose mucho mejor sobre la compañía.

Dicho esto, los chatbots generalmente no son tan inteligentes. Si va a entregarle al chatbot algo que hacer, probablemente debería entregarle los elementos más comunes para los que llama su compañía. La razón por la que quieres mantenerlo simplista y por la que quieres encontrar una manera de eliminar los elementos más comunes de la lista de llamadas es porque los robots de chat no son inteligentes, pero reducirán la cantidad de llamadas que tu centro de llamadas recibirá.

Auto respuestas de correo electrónico

Como mencioné anteriormente, los asistentes virtuales son actualmente conocidos por ser capaces de proporcionar la necesidad básica de enviar correos electrónicos. Sin embargo, probablemente pensó en los reenvíos que simplemente enviaban correos electrónicos que respondían a contraseñas o restablecimientos de correos electrónicos. Las auto respuestas que están saliendo actualmente son un poco más avanzados que eso. Dispone de auto respuestas capaces de abrir tickets de *servicio de ayuda,* que pueden responder preguntas comunes como el precio del software, e incluso a aquellas que informan a los clientes de los horarios disponibles en los que pueden concertar citas. Algunos son tan buenos que una persona real rara vez necesita estar en contacto con un cliente, lo que ahorra incontables horas en el servicio de atención al cliente.

Al mismo tiempo que digo esto, también sabemos lo terriblemente equivocado que puede ser un servicio así. En realidad, esto es algo común, ya que la inteligencia artificial no puede repensar una solución existente. Por lo tanto, cuando ocurre un problema, la inteligencia artificial no puede autocorregirse, lo que puede aumentar la insatisfacción que un cliente puede experimentar. Esto a menudo se remedia asegurando que el cliente solo interactúa con las auto respuestas para un número determinado de mensajes.

Impuestos

Los impuestos son la ruina de todo el mundo excepto las rarezas que lo encuentran divertido, pero todo el mundo encuentra algo divertido, ¿verdad? La inteligencia artificial existe basada en reglas, lo que significa que un sistema fiscal, un sistema exorbitante de reglas, es como el pan de cada día de Inteligencia Artificial. Sin embargo, hay un pequeño quid de la cuestión de los impuestos de Inteligencia Artificial. Debido a la naturaleza humana de cambiar constantemente prácticamente todo, los impuestos cambian cada año, lo que tiene que ser contabilizado por el software. Esto ha sido lo que ha llevado tanto tiempo a las compañías de software crear una Inteligencia Artificial.

eficiente que sea capaz de hacer los impuestos de un individuo. Por lo

tanto, esta es una de las nuevas fronteras para la Inteligencia Artificial.,

ya que las compañías han comenzado a desarrollar nuevos programas

para satisfacer esta necesidad.

Sin embargo, dependiendo de cómo se despliegue e implemente,

una compañía que utilice el software puede ni siquiera tener que

rellenar el papeleo. Ya que tienes que darle a la Inteligencia Artificial.

su aporte, podría ser capaz de hacer todos los impuestos por usted

eventualmente. Sin embargo, la mayoría de las Inteligencias Artificiales

tributarias se centran en determinar cómo afectarán los impuestos al

negocio de quien pronostica la predicción y/o la economía en la que se

encuentra el individuo/la compañía.

Automóviles sin conductor

¿Qué son los vehículos autónomos?

Qué significa ser autónomo

Derrumbar con un auto autopropulsado es, primero tenemos que entender realmente lo que significa ser autónomo. La palabra en sí misma está compuesta de dos frases griegas. La primera frase, *auto*, significa auto. La segunda frase, *nomous*, significa consuetudinario o de derecho. Por lo tanto, uno puede naturalmente concluir que la frase significa literalmente auto ley o auto acostumbramiento. Por sí mismo, no tiene mucho significado. Solo cuando se aplica a una entidad que es capaz de pensar que la autonomía tiene realmente un propósito.

Como persona, es probable que tenga un trabajo o que tenga responsabilidades que usted mismo realiza. Usted es autónomo en los casos en los que decide lo que necesita hacer. La autonomía se refiere a la capacidad de asignarte leyes para que las sigas. Esto significa que cada vez que haces una tarea específica, la forma en que la haces es una práctica de asignarte leyes a ti mismo.

Por lo tanto, un vehículo autónomo se refiere a un vehículo que es capaz de asignarse leyes sin necesidad de interferencia humana. Por ejemplo, si usted estuviera conduciendo un vehículo que no tuviera descanso, ¿golpearía a una persona o golpearía a 10 personas? Se trata de una cuestión de moralidad común y, con razón, tiene que ver con los vehículos y con si es una buena idea para la autonomía. La mayoría de las personas cree que, si se dejara elegir por sí solo, el vehículo simplemente elegiría al individuo individual debido a la cantidad. Para aquellos que ven que los robots se harán cargo en el futuro, obviamente, la elección es de 10 personas. Sin embargo, la máquina, sabiendo que podría afectar a una persona, podría elegir una opción que probablemente no era relevante para usted en el momento en que presenté esta pregunta de moralidad. La máquina simplemente se estrellaría a propósito, lo que podría dañar al conductor, pero no es probable que lo mate.

La cuestión de la moralidad suele ser la de los trenes y la de no poder hacer esa opción adicional en ese caso. Sin embargo, en el mundo real, esa pregunta rara vez va a existir realmente. La capacidad de ver una opción adicional y poder actuar sobre ella sin que nosotros asumamos las opciones que tendrá permite que un vehículo sea autónomo. Nosotros, como humanos, comúnmente asumimos que solo hay dos opciones, pero el vehículo vería opciones adicionales. Por lo tanto, si la elección se dejara en nuestras manos, se perderían vidas innecesariamente. Este es el mayor punto de autonomía para las máquinas, permitiéndoles elegir la mejor opción sin que los humanos elijan esa opción para ellas.

Las variables en los vehículos

Sin embargo, las opciones se basan en variables y si tenemos un vehículo autónomo, ese vehículo autónomo tiene que tener variables. La primera variable es la propia carretera, es decir, ¿es una carretera recta o es una intersección o una curva? Los tres tipos de carreteras provocarían una reacción diferente a la de los seres humanos, lo que significa que la forma de la carretera es, en última instancia, la primera variable a la que debe hacer frente este vehículo autónomo.

Así como tiene que tratar con la carretera, también tiene que tratar con las leyes de conducción del estado, país o provincia en la que se encuentra el vehículo, que incluye el límite de velocidad. Esto es para que el auto autónomo siga las leyes hechas por el hombre que han garantizado la seguridad humana, que es el punto de formación de un vehículo en la carretera. Un vehículo autónomo siempre será capaz de conducir en línea recta, es literalmente solo una variable que está siendo afectada. Solo cuando introducimos la necesidad de seguridad se añaden variables adicionales.

Por lo tanto, además de conocer el límite de velocidad, el vehículo autónomo necesita ahora ser capaz de ver. El vehículo debe ser capaz de ver para que los seres humanos que caminan delante del vehículo hagan que éste se detenga. Sin embargo, los humanos no ven de la misma manera que los ordenadores. Existe una fantástica biblioteca llamada **Open Vision** que permite a una computadora reconocer elementos que son importantes en el campo visual. La manera en que la computadora reconocería que hay humanos es si hay una forma bípeda cruzando su visión. Esto permitiría que el auto reaccionara en el tiempo que tardó en reconocer la forma bípeda.

La última variable que necesitan los vehículos para ser autónomos es el clima, pero esto se puede hacer con Internet, ¿verdad? En realidad, no si quieres que sea totalmente autónomo. Hay lugares en el mundo que no tienen acceso a Internet, incluso en países donde Internet parece estar prácticamente en todas partes. En tales casos, no desea que un vehículo autónomo conduzca bajo la lluvia si no sabe que está lloviendo. Los humanos reaccionan de manera diferente bajo la lluvia porque deben tener más cuidado ya que su visión es limitada, lo que, por cierto, la computadora tendrá casi la misma cantidad de visión limitada con algunas excepciones. Por ejemplo, los seres humanos no pueden ver en los infrarrojos, mientras que los ordenadores simplemente tienen un interruptor de lente. Los humanos no pueden tener visión nocturna, que es algo que las cámaras pueden tener. Esto permite al sistema Open Vision ver en entornos que normalmente serían difíciles para los humanos.

Una combinación de inteligencia

Por lo tanto, en general, para crear un vehículo autónomo, hay que tener una combinación de invenciones extremadamente brillantes. El vehículo debe ser consciente del espacio, lo que significa que los sensores de proximidad deben estar dentro del vehículo. El vehículo debe ser capaz de ver las formas humanoides a medida que avanza para no matar a nadie. El vehículo necesita ser capaz de entender el clima en el que está conduciendo para que pueda conducir apropiadamente, lo que significa que necesita ser capaz de tener incorporado el pronóstico del tiempo. Estas son industrias separadas que se unen para hacer posible que un automóvil se conduzca solo, que es una de las mayores hazañas de la ciencia que se haya creado.

Miedos comunes

Sustitución de conductores de transporte

El principal temor cuando se trata de la autonomía de los vehículos es la sustitución de los trabajos. El problema con los avances en la ciencia y la sociedad en general es que siempre va a haber un perdedor como resultado. En este momento, mucha gente está preocupada de que algunos de los que trabajan como conductores de Uber sean reemplazados por estas máquinas, ya que entonces Uber no tendría que pagar para que los humanos conduzcan por ahí. Este argumento es similar a cuando Uber salió y los taxistas estaban preocupados por ser reemplazados.

Mucha gente no se da cuenta de que otra gente es muy sospechosa, lo que significa que esta nueva tecnología no va a ser ampliamente aceptada. Van a pasar unas décadas antes de que ninguno de nosotros confíe tanto en él como en el sistema operativo Windows. Tenga en cuenta que muchos de nosotros todavía no confiamos en el sistema operativo Windows. Por lo tanto, no, no va a reemplazar a los conductores de transporte, pero complementará la disponibilidad de los conductores de transporte. A mí, por ejemplo, no me importaría poder conducir a lugares por centavos literales. Al menos sé que un auto autónomo no me va a asaltar o a robar, lo que no quiere decir que el conductor de Uber lo haga, pero la probabilidad es cero con el vehículo autónomo y desconocida con el conductor de Uber. Proporcionaría a las personas que utilizan Uber como una opción barata para ir por la ciudad con una opción aún más barata y, por lo tanto, el conductor de Uber se convertiría en una experiencia premium. Por lo tanto, cuando salen los vehículos autónomos, en realidad se vería un aumento en los pagos de Uber porque el elemento humano sería más apreciado por los clientes que quieren ese elemento humano.

Muerte inculpable

El miedo secundario cuando se trata de autonomía y vehículos es quién va a ser culpado por la muerte. A partir de ahora, hay algunas compañías que han hecho accidentes que han resultado en la pérdida de vidas y lesiones en otros casos. En esos casos, la compañía que puso el vehículo en la carretera ha sido demandada y, por lo tanto, este es el final de la historia. La verdad es que esto es lo que ocurriría con los vehículos autónomos.

El problema que parece molestar a la gente es que, si alguien posee un vehículo que es autónomo por sí mismo, la persona es responsable. Sin embargo, si el vehículo está destinado a ser conducido por sí mismo, entonces es el fabricante quien tiene la culpa, ya que ellos son los que accidentalmente dejaron algo fuera que resultó en el incidente. Ahora bien, existe la gran probabilidad de que la compañía empuje la responsabilidad hacia el usuario, ya que se supone que el usuario debe prestar atención y asegurarse de que el vehículo está conduciendo, pero esto también haría que el vehículo sea inútil a los ojos de muchas personas. Cuando la gente piensa en vehículos autónomos, a menudo representan lo que se muestra en las películas donde los humanos ni siquiera se molestan en aprender a conducir. Simplemente llaman a su vehículo y se dirigen a otro lugar.

Sin embargo, las compañías no quieren asumir riesgos en sus vehículos y probablemente tratarán la autonomía de la misma manera que las compañías trataron el control de crucero. El control de crucero le permite mantener una cierta velocidad, pero usted sigue siendo responsable de lo que ocurre dentro y fuera de ese automóvil, ya que está relacionado con ese automóvil. Para la autonomía, es probable que las compañías la vendan como una característica muy parecida al control de crucero que usted será responsable de mantener vigilada la máquina. Esto asegura que el conductor de ese vehículo sigue siendo responsable de cualquier muerte que el vehículo causa porque es una característica, no algo en lo que se pueda confiar el 100% del tiempo. Es una forma muy inteligente de salirse de la responsabilidad cuando el software no funciona por parte de la compañía.

Incidencias de Google Map-esk

El último temor, que es el menos popular, es que el vehículo actúe de manera muy similar a los incidentes que han ocurrido en el pasado con los Servicios de Cartografía. Mencioné Google Maps ya que es uno de los métodos más populares para navegar por ciudades y países. Sin embargo, ha habido momentos en los que Google Maps no es del todo exacto. Por ejemplo, si tiene una comunidad privada,

Google Maps no está autorizado a tomar fotos de lo que hay dentro de esa comunidad. Mucha gente que de repente se une a una comunidad privada a menudo se ve obligada a dar instrucciones a los repartidores sobre cómo navegar por un vecindario porque Google Maps no está permitido allí.

Sin embargo, Google Maps puede llevar a direcciones equivocadas. Por ejemplo, Pokémon Go tuvo un incidente varias veces con su aplicación porque la gente simplemente no prestaba atención al mundo exterior mientras hacían su ejercicio. Esto llevó a la lesión y muerte de muchas personas porque los mapas mismos eran planos y no mostraban que había nada de qué preocuparse. Esto fue, con razón, culpa de la persona que no levantó la vista del teléfono, pero la gente seguía indignada de que esto ocurriera. La gente culpa a la compañía, cuando en realidad fue la estupidez de la persona la que no levantó la vista. Este es el único temor que no tiene una solución inmediata y es solo porque la gente se indigna cuando se le dice que tiene que ser responsable de ello.

Beneficios de los vehículos autónomos

No conducir ebrio

La ventaja de tener un vehículo autónomo es que ya no depende del ser humano que hay dentro de él. Numerosas muertes y accidentes son causados por la falta de conciencia de los seres humanos dentro del vehículo. Mientras que la persona dentro del vehículo podría estar borracha, un vehículo autónomo podría navegar a esa persona a su casa por sí mismo sin poner a nadie en riesgo al mismo nivel de la persona que está borracha. Esto significa que habría una disminución significativa en muertes y accidentes causados por conducir ebrio.

Optimización de incidentes de tráfico

Hay varios incidentes de tráfico que a menudo son causados por humanos que no son conscientes de su entorno. Por ejemplo, una persona solo puede mirar hasta cierto punto fuera de un vehículo y a muchas compañías les gusta poner cosas delante de su negocio que lo hacen más difícil de manejar. En lugar de tener la vista desde la parte delantera del vehículo, que sería la forma más segura de ver el giro a la

izquierda o a la derecha, el humano suele estar en el centro del auto.
Pequeños incidentes como este podrían evitarse con un vehículo
autónomo, ya que cada centímetro del auto podría estar cargado con
sensores y cámaras que le permitirían reaccionar a su entorno.

El software conoce todas las leyes

Más allá de ese punto, muchos accidentes y multas, así como el
tiempo en la cárcel, son causados por una ignorancia en la ley que se
supone que el humano debe seguir. Por ejemplo, todo el mundo sabe
que cruzar la calle es técnicamente ilegal, pero rara vez se hace cumplir.
De hecho, si no fuera por el cruce de peatones, los autos que se están
construyendo para la autonomía normalmente no tendrían que manejar
casos en los que podrían atropellar a un humano.

Taxi más barato/ Taxi del gobierno

Hablé mucho de Uber y de cómo la versión autónoma de Uber
resultaría en un nivel más barato de controladores Uber. Sin embargo,
eso también podría significar que el gobierno podría, en lugar de
proporcionar un autobús para el transporte localizado en la Ciudad

Grande, podrían proporcionar conductores de tipo Uber impulsados por automóviles. Esto sería mucho más útil para las personas que necesitan llegar al trabajo a tiempo, ya que podrían confiar en el servicio gubernamental que los impulsó a trabajar. Esto afectaría a muchas personas en todos los ámbitos, pero también podría tener algunas implicaciones como resultado.

Los Discapacitados Pueden Ser Dueños de Automóviles

En los casos en que un ser humano es ciego o en los casos en que un ser humano es sordo o en los casos en que hay algo físicamente mal en los brazos o miembros asociados con la conducción, este vehículo podría hacerlo por ellos. Muchas de las personas, si usted es discapacitado, por lo general tienen el derecho de conducir despojado de ellos y esto hace su vida significativamente más difícil si necesitan ir distancias significativas. Los vehículos autónomos podrían, esencialmente, proporcionar a esas personas discapacitadas una forma de poseer un vehículo y normalizar su vida después de lo que hayan experimentado.

¿Cómo afectará al tráfico?

No más tráfico

Esto realmente solo se aplicará si casi todos los vehículos en la carretera son vehículos autónomos. Esto es algo que se puede ver en muchas películas y novelas de ciencia ficción en las que los autos son capaces de controlar cómo fluye el tráfico. Dados los datos suficientes y quizás una conexión de red a la red de motores, técnicamente se podría crear un sistema en el que el tráfico nunca tenga que detenerse. Esto se debe a que la única razón por la que el tráfico se detiene a menudo se debe al hecho de que los humanos necesitan tiempo para dejar que otros humanos vayan por el camino que necesitan. Sin embargo, es posible que los autos creen una situación en la que ningún auto tenga que parar nunca. Sería diferente a la forma en que experimentamos el tráfico ahora porque dependería completamente de la automatización. Sin embargo, en los primeros pasos de esta automatización, es probable que veamos muchos menos atascos de tráfico que fueron causados por accidentes o incidentes en los que la policía detuvo a un individuo.

Menos muerte

Como mencioné con la conducción en estado de ebriedad y la capacidad de ser un libro de leyes de manejo, habría muchas menos muertes debido a problemas de tráfico. Esto se debe principalmente al hecho de que los seres humanos reaccionan más lentamente que las máquinas, por lo que se salvarían vidas más rápidamente en situaciones de emergencia. Además, cosas como ir accidentalmente antes de que el semáforo se ponga en verde se detendrían para la mayoría de los autos.

La Inteligencia Artificial y el Mercado Laboral

¿Cuántos trabajos serán reemplazados y por qué debería preocuparse?

Todos los trabajos serán reemplazados

Vayamos al grano porque cada vez que surge este tema, está realmente asociado con el trabajo que se está reemplazando. El problema con este tema es que la gente ve el resultado a corto plazo de lo que hará una tecnología específica. La verdad es que todos los puestos de trabajo en la existencia actual serán reemplazados, con el tiempo suficiente. Es extremadamente fácil definir y colocar en su lugar máquinas para cocinar hamburguesas. El hecho de que refrigeremos las hamburguesas preformadas lo demuestra. Las máquinas ya pueden hacer la mayor parte del trabajo básico que necesitamos que hagan.

No es difícil automatizar algo, pero lo que es difícil es elegir lo que hay que automatizar. Si alguna vez ha hablado con un contador, encontrará que la mayoría de los negocios tienen diferentes situaciones para sus necesidades financieras. Puede ser muy fácil reemplazar la hamburguesa o el cocinero de la cocina por un robot, pero es mucho más difícil reemplazar a la persona que puede evaluar la situación. El problema con la inteligencia artificial es que no tiene algo que le permita entender el contexto.

Siempre que vaya a pagar sus cuentas, es posible que no las pague a tiempo y a propósito. En un sistema automatizado, las cuentas serán pagadas a tiempo cada vez. Sin embargo, es posible que tenga que esperar una semana para pagar una factura específica por una razón determinada. Muchas personas retrasan el pago de las facturas por razones y, por lo tanto, un problema que tienen los robots es entender el contexto, la razón por la que se está haciendo algo. Esto significa que, aunque todos los trabajos serán reemplazados, los trabajos que serán reemplazados en último lugar son los trabajos que requieren contexto. No se puede automatizar el proceso de construcción de un sitio web a gran escala, se puede automatizar el proceso de diseño, los bloques de construcción, y muchos de los diferentes elementos de un sitio web a gran escala, pero ese sitio web cambia en función de las necesidades de la compañía.

Incluso los trabajos creativos

Esto significa que, con el tiempo, incluso los trabajos creativos serán reemplazados una vez que las máquinas de inteligencia artificial puedan entender el contexto. Sin embargo, este es el problema; ¿Por qué importa? ¿Por qué es importante que se sustituyan los puestos de trabajo? Los trabajos existen para continuar nuestra supervivencia y básicamente para darnos algo que hacer hasta que muramos. No es realmente una cosa mala si todos los trabajos obligatorios son reemplazados por robots porque siempre va a haber algo más que hacer. Está bien, así que no tiene que hacer hamburguesas, pero puede elegir crear una tienda de alimentos hechos por el hombre. Eso se convertirá en una especialidad, tiendas que se enorgullecen de usar solo Servicios Humanos. Seguro, usted podría automatizar un auto completamente, pero un auto no va a acelerar una pista a la velocidad máxima para darle una emoción de perforación. Los robots están diseñados para repetir tareas repetitivas, las cosas que haces por diversión son cosas que solo los humanos pueden hacer. Solo los humanos pueden hacer comida hecha por el hombre o ropa hecha por el hombre, algo que será visto como el nuevo estilo *fashionista*. El mercado laboral siempre va a existir y siempre habrá algo que hacer, solo debes tener la perspectiva correcta.

¿Qué se necesita saber para implementar una Inteligencia Artificial?

Más fácil que nunca

Lo primero que necesita saber y comprender es que está conociendo un tema importante. A mucha gente no le gusta empezar con esto porque pueden pensar que es un poco arrogante, pero si estás entrando en la inteligencia artificial entonces necesita entender esto. En las últimas dos décadas se ha hecho mucho trabajo con respecto a la inteligencia artificial, lo que significa que usted va a tener que hacer mucho para llegar a donde está la frontera. Eso no quiere decir que no se pueda hacer en un tiempo razonable, sino que se necesita apreciar la complejidad de esta industria. Además, hay que entender que se ha necesitado mucho trabajo para hacer las cosas fáciles y aunque hay herramientas muy fáciles de implementar en el mercado, entender la mecánica central de cómo funcionan las redes neuronales es clave para usar estas herramientas. Las herramientas simplemente permiten que un individuo realice el trabajo que necesita sin tener que lidiar con muchas molestias, entender cómo funcionan esas herramientas sigue siendo algo que usted va a necesitar.

Álgebra a Cálculo

Lo segundo que necesitará saber es una variedad de habilidades matemáticas dependiendo de lo que quiera que haga su inteligencia artificial. Si desea que su inteligencia artificial simplemente pronostique los precios de las acciones de la próxima semana, necesitará conocer las estadísticas además de un poco de cálculo. Si, por otro lado, desea utilizar la inteligencia artificial para generar obras de arte en 3D, es posible que necesite algunas matemáticas geoespaciales junto con un poco de matemáticas discretas. Hay una amplia gama de habilidades matemáticas que pueden ser requeridas dependiendo de lo que se quiera hacer con ellas, pero la razón por la que específicamente declaro álgebra a cálculo es porque al menos necesitarás saber álgebra. Las redes neuronales están diseñadas con la comprensión de la forma de intersección de pendiente como la forma más básica de un nodo neural. Solo se complica mucho más después de eso. La mayor parte de su aprendizaje será en realidad únicamente matemático y muy poco será programación, pero esa es la tercera cosa que necesita saber.

Programación

Deberá entender la programación hasta el grado de la herramienta que planea usar. Si va a un sitio web que le permite usar una red neuronal que ya estaba construida de antemano, es probable que no necesite mucha programación. Si planea utilizar una versión localizada de una red neuronal, probablemente necesitará saber cómo programar y acceder a la biblioteca de unidades de procesamiento de gráficos que es compatible en su computadora. Mucha gente malinterpreta este requisito porque al principio están pensando en DirectX 11 o 12 o quizás en una arquitectura Vulcan, pero estas son librerías gráficas. Si planea crear una red neuronal localizada, necesitará saber un poco más sobre el hardware que planea usar. Esto se debe a que puede utilizar la unidad de procesamiento central o la unidad de procesamiento gráfico para realizar el trabajo, pero la forma en que lo utiliza es definitivamente diferente.

Estas son más o menos las diferentes cosas que necesita saber para implementar y crear una red neuronal, que es lo que más busca la gente cuando habla de inteligencia artificial. Usted necesita saber las matemáticas para crear la red neuronal, necesita saber el lenguaje necesario para implementarla y, finalmente, necesita saber de qué manera planea implementarla.

¿Qué trabajos serán reemplazados lo más pronto posible?

Las tareas repetitivas son las primeras en realizarse

Como he mencionado varias veces en este punto, los primeros trabajos que se van a realizar son los que se pueden repetir. Voltear hamburguesas, archivar, escribir cheques, levantar cosas, almacenar cosas, asegurar que las cosas estén en los estantes, y casi todo lo que requiera una rutina. Esos son casi todos los trabajos de bajo costo, en los que los adolescentes y los ancianos tienden a encontrarse. Estos trabajos serán los primeros en desaparecer porque no es necesario pagar salarios a un robot y todo lo que tiene que hacer es mantener el robot para extraer los beneficios. Usted todavía necesitará a alguien en una posición gerencial para manejar a los clientes, pero en general, todos los trabajos básicos pueden ser robotizados.

Es importante entender que todavía quedará una persona para estar allí. Esto es algo así como el individuo que está allí en el auto pago. No se supone que el individuo realmente se asegure de que lo revisen y obtenga todos sus comestibles, están allí si algo sale mal. Estos trabajos se convertirán en los nuevos trabajos que encajan los adolescentes y los ancianos en lugar de los que requieren que la persona revise. Esto significa que las tiendas de mamá y papá probablemente seguirán contratando a la persona dispuesta a cuidar la caja registradora durante el horario comercial, pero una compañía como Walmart o Target probablemente contratará a una persona para que se encargue de los robots de almacenamiento.

También aumentará la necesidad de técnicos de mantenimiento e ingenieros de mantenimiento, para garantizar que los robots reciban el mantenimiento adecuado.

Trabajos realizados mediante reglas que van en segundo plano

Ya hemos empezado a ver que los trabajos que requieren reglas empiezan a tener su propia versión de reemplazos instalados. Por ejemplo, como mencioné antes, ahora hay un abogado de contratos de inteligencia artificial que esencialmente reemplazaría a los abogados que se centran específicamente en el trabajo por contrato. Estas posiciones siguen principalmente reglas y patrones, lo que significa que, aunque es significativamente más difícil en la rutina que en el almacenamiento de algo en el estante, todavía puede ser automatizado si se le da suficiente trabajo.

La consultoría va en tercer lugar

El último tipo de trabajo que se va a realizar es el de consultoría y la razón por la que digo esto es porque la consultoría es un trabajo rutinario pero contextual. Claro, se podría decir que en la consultoría todo lo que se hace es juzgar lo que se puede sumar o restar de una carga de trabajo para que la compañía gane más dinero. Esto es algo que una máquina puede hacer actualmente, pero el problema viene en forma de comprensión contextual. Cualquier máquina puede ir y crear métodos de optimización para un negocio, pero el negocio tiene que crear esa máquina para adaptarse a ese negocio. Esto significa que el propio negocio está proporcionando la comprensión contextual de las necesidades del negocio con el fin de hacer una evaluación efectiva de lo que se necesita para optimizar el negocio. Cuando una persona viene a consultar por un negocio, necesita entender el negocio antes de comenzar a sugerir algo. Esta necesidad de una comprensión contextual es algo que aún no puede ser cuantificado por una máquina, por lo que ese será el último tipo de trabajo. Sin embargo, en última instancia, eventualmente desaparecerá.

¿Qué trabajos tienen menos probabilidades de ser reemplazados?

Inventores

El trabajo principal que no será reemplazado es un inventor. Un inventor es un individuo que piensa fuera de la caja. Observan el mercado y las herramientas disponibles antes de empezar a generar ideas sobre lo que puede existir si se combinan esas herramientas. La razón por la que un inventor no será reemplazado es porque casi todas las compañías requieren un inventor para comenzar una compañía en primer lugar. Ellos son lo que impulsa la industria. Absorben más datos que cualquier procesador o procesador actual dentro de la próxima década, y podrían sostener y abstraer en una invención. En otras palabras, los inventores no tienen reglas más allá de las reglas del universo. Esto significa que no se puede automatizar el trabajo porque no hay nada que automatizar.

Ciencia de vanguardia

El siguiente tipo de trabajo que probablemente no va a ver ninguna forma de automatización es la ciencia de vanguardia y esto se debe principalmente al hecho de que los científicos quieren mantener las máquinas alejadas de la ciencia. Eso no quiere decir que no habrá mucha ciencia de la que estas máquinas sean capaces y no quiere decir que estas máquinas no ayudarán a avanzar en la ciencia de vanguardia, pero es poco probable que las máquinas sean la entidad para avanzar en la ciencia de vanguardia. Hay demasiada desconfianza en las máquinas, hay demasiada paranoia en torno a la singularidad, y si entregamos la ciencia a las máquinas, entonces la Humanidad no tendrá nada que hacer.

¿El Ingreso Básico Universal solucionará el problema?

Darles a todos un ingreso básico

La idea del ingreso básico universal es dar a todos un ingreso básico para que nadie muera de hambre. Esta idea no es nueva y, de hecho, muchos países comunistas, así como algunos países socialistas, creen en el ingreso básico para todos en la sociedad. Debido a la rápida sustitución de trabajos que podrían ocurrir como resultado de la tecnología, muchos de los principales líderes en tecnología han comenzado a sugerir un ingreso básico universal para compensar la pérdida de empleos. Esto se proporcionaría a escala global para que todos pudieran mejorar sus vidas y es un ideal realmente bueno, pero no una buena idea.

Aquí está el concepto en pocas palabras, porque tengo que describir más de lo que es el ingreso básico universal en cuanto a por qué los líderes de la tecnología creerían en tal idea... Quiero decir, mala idea. Si todo el mundo pierde su trabajo, nadie tiene que sufrir porque la gente todavía puede comprar cosas si tiene dinero. Para asegurarse de que tienen este dinero, las personas más ricas del mundo donan para que todos tengan un ingreso básico. Este nivel de ingresos base aseguraría que las personas pudieran comprar las necesidades básicas que necesitaban para vivir. Esto no solucionaría el problema de la pérdida de empleo, pero disminuiría significativamente el impacto dañino que el empleo perdido tendría en el individuo promedio porque ese individuo podría comprar alimentos y artículos similares que estimularían la economía.

Las compañías transfieren el costo al cliente

El problema es que el mundo no funciona así. No se puede permitir que una sociedad que antes estaba basada en la meritocracia converja inmediatamente en una comunidad que lo comparte todo, simplemente no funciona. No estoy diciendo que la idea de un ingreso básico universal sea imposible, lo que estoy diciendo es que cuando uno pasa siglos construyendo una sociedad para siempre hacer más y no compartir, se vuelve increíblemente difícil llegar a ser una comunidad que comparte todo. El ingreso básico universal haría que las compañías pasaran el costo de ese ingreso básico al cliente haciendo que los productos sean más caros. El problema es que ahora está automatizando la mayoría de los empleos que existen actualmente, despidiendo a empleados que habrían hecho más que el ingreso básico universal, y ahora tiene una afluencia de personas que reciben su dinero para comprar sus productos.

Devaluar la moneda

Cuando usted infla el valor de una moneda, casi inmediatamente se deprecia en valor. Digamos que decidimos poner en el ingreso básico universal y las compañías pasaron el costo al cliente. Ahora tiene a todos en el mismo nivel de pago si no tienen un trabajo, sin embargo, el dinero es limitado. Usted puede darles a todos un grado de paga base, pero el dinero es limitado, así que a menos que usted vaya a imprimir más dinero entonces usted tendría que tomar el dinero de los ricos. Si usted toma el dinero de los ricos, los ricos no tienen ningún incentivo para construir nuevas compañías para enriquecerse aún más si eso solo significa que usted va a tomar más de su dinero. En el lado opuesto, si decidieras imprimir mucho dinero, devaluarías la moneda. Imprimir dinero infla cuánto dinero tienes en la sociedad y este dinero es en realidad una representación del Cambio. Imagina que tienes 10 entradas que puedes cambiar por una guitarra de $ 300. Cada uno de esos boletos vale $30. Ahora, imprimir dinero es lo mismo que imprimir más boletos, así que digamos que usted imprime más boletos y ahora tiene 20 boletos por la misma guitarra de $300. Ahora, cada boleto vale alrededor de $15. Por lo tanto, basado en el ejemplo, usted puede ver por qué imprimir más dinero hace que el dinero sea más inútil.

Ahora todo es igual pero peor

Entonces, ahora que ha visto el concepto y ve lo que resulta de él en un ejemplo muy, extremadamente simplista, puede ver por qué es una mala idea. Claro, en el primer mes, tal vez, el ingreso base se vuelve útil, pero cada mes después de eso tienes compañías que pasan el costo al cliente y luego tienes lo peor, que es que el dinero que paga el costo disminuye en valor. Esto hace que todo se vuelva más caro y el valor del ingreso base ahora no tiene sentido porque todo lo que podrías haber comprado con el ingreso base para sobrevivir es ahora más caro. Por lo tanto, todo es más o menos igual pero peor porque ahora lo que te pagan vale menos de lo que valía originalmente. Esta es la razón por la que la renta básica universal simplemente no funciona y por la que ha fallado a todas las sociedades que han intentado utilizarla.

No te asustes; úsalo

La Inteligencia Universal. es solo un número

Hay que entender que la inteligencia artificial es en realidad solo una matriz de probabilidad de lo que se debe elegir y lo que no se debe elegir. Muchas personas piensan que cuando esta realidad se haga realidad, los robots matarán a todos y gobernarán el mundo, pero la verdad es que incluso los robots más complejos que existen hoy en día no están pensando por sí mismos. Las reglas que se encuentran dentro de sus sistemas son diseñadas por programadores, es decir, son predecibles.

Todo esto no es más que una ampliación de las matemáticas que se ha incorporado a las máquinas para que sean capaces de hacer las cosas que necesitamos que hagan. Sabiendo que esto es algo que la persona promedio puede hacer, no debería ser algo a lo que le tengas miedo. Usted debe darse cuenta de que casi todos los fabricantes de robótica en el mundo no tienen realmente una intención específica de crear robots que están diseñados para eliminar a los seres humanos. La gente no puede enriquecerse con esto, la gente crucificará inmediatamente cualquier intento de hacer esto, y tendrá una indignación global hacia la primera persona que intente hacer esto. Esencialmente, es una de esas acciones que todo el mundo condenaría y entonces tendríamos muchas leyes que dificultan que otra persona lo haga.

Además de esto, es extremadamente difícil crear algo como Terminator. Tienes que darte cuenta de que estos robots solo pueden trabajar con cuerpos blandos y ahora mismo estamos explorando cómo podemos crear esos cuerpos blandos. Máquinas como la Terminator son significativamente más pesadas, por lo que algo así como una torreta dentro de un robot no es factible debido a la física. Los cohetes no son factibles debido a la física. Esencialmente, si miras cómo está diseñado el Terminator, encontrarás rápidamente que el Terminator al que todo el mundo le teme es una imposibilidad física como arma. Como una inteligencia artificial que es más fuerte que la mayoría de los hombres, eso es posible. Sin embargo, tener un arsenal de armas dentro del cuerpo es imposible si ese robot es del tamaño de una persona. Las personas son diseños precarios en el mejor de los casos y no son muy buenas para mantener un centro de gravedad. De hecho, esta es la razón por la que es tan difícil crear una máquina similar a la humana; la física necesaria para la anatomía humanoide es extremadamente difícil de dominar. Puede que vea algo que sale a la luz como MechWarrior que puede tener esa inteligencia, pero no es probable que veas un robot que se parece a un humano que de repente sale de un cohete. Esta es la realidad y la realidad se basa en los números, si miran los números es extremadamente difícil llegar al temor de que los robots tomen el control de la manera en que Terminator tomó el control. Simplemente hay tantas cosas que están mal con el principio básico que no funcionaría en nuestro mundo. No deje que los fanáticos del apocalipsis de robots decidan cómo quieres utilizar el aprendizaje automático y la inteligencia artificial en tu vida diaria. Hay miles de formas en que el mundo puede terminar, el apocalipsis robot es solo una de ellas y no es realmente posible.

Decisiones rápidas

No importa si usted está trabajando en la industria de la salud, en el mercado de valores, en la industria de bienes raíces o en cualquier otra industria que se requiera para tomar decisiones. Debido al hecho de que las máquinas pueden pasar por decisiones más rápido que los humanos, son capaces de hacer un cambio mucho más grande en la sociedad. Ellos son capaces de decidir rápidamente cómo se puede obtener más ganancias, cómo la gente puede estar más segura y, en general, decidir cosas que benefician a la Humanidad de una manera más rápida de lo que la Humanidad puede decidir por sí misma. Veamos un ejemplo.

Digamos que un auto se cae si se cae de un lado del edificio. Sin embargo, una vez que empiece a rodar, no podrá detener el automóvil. Un humano tendría unos segundos en los que no decidiría nada, y le tomaría unos segundos entender todo lo que necesitaba decidir. Una computadora, por otro lado, sería capaz de mirar la escena y decidir lo que necesita hacer dentro de los nanosegundos de entender las reglas. Las máquinas pueden decidir las cosas mucho más rápido que los humanos y pueden resultar en mejores mejoras a un ritmo más rápido que los humanos mismos. No permita que las compañías gigantes decidan el futuro si puede poner su pie adelante sin apenas barreras en lo que quiere hacer.

Menos trabajo repetitivo para todos

A nadie le gusta hacer trabajo repetitivo a menos que sea algo que normalmente no es visto como trabajo repetitivo sino como un tipo de pasatiempo. Por ejemplo, hay un buen número de personas que aman la pesca, pero la pesca es en realidad una profesión realizada por unas pocas personas, de lo contrario no tendríamos Langostas Rojas. En realidad, no se ve como un trabajo hasta que se habla de los detalles.

La inteligencia artificial nos permite eliminar los trabajos molestos que la mayoría de la gente no quiere hacer. Nadie quiere realmente concentrarse en conducir durante 5 horas a la vez, nadie quiere realmente recoger verduras de 100 acres, nadie quiere realmente asegurar la limpieza de las alcantarillas, y todas estas son cosas que pueden ser manejadas por la inteligencia artificial. No permita que el miedo a que nadie pueda encontrar trabajo le impida innovar y permitir que las personas tomen las carreras que prefieren más. Usted puede decidir si habrá una falta de trabajo o si los trabajos que están disponibles son trabajos que a la gente le encanta hacer.

www.ingramcontent.com/pod-product-compliance
Lightning Source LLC
Chambersburg PA
CBHW070845070326
40690CB00009B/1704